AF250571

Bᵒⁿ Loïc de CAMBOURG

LA SITUATION ÉCONOMIQUE

DE BIZERTE

& LA DÉFENSE NATIONALE

Devant le Parlement

TONNERRE. — IMPRIMERIE CHARLES PUYFAGÈS
16 et 18, Rue Rougemont, 16 et 18

1908

La Situation Économique de Bizerte

ET LA DÉFENSE NATIONALE DEVANT LE PARLEMENT

L'incident soulevé récemment à la Chambre par quelques députés clairvoyants relativement à la question de l'Ouenza, cette mine de fer si puissamment riche située sur la frontière d'Algérie-Tunisie, attire l'attention sur Bizerte, notre grand port africain dans la zône duquel elle se trouve.

De Tunisie m'arrive des nouvelles me signalant la lamentable situation économique de Bizerte, la ville la plus française de la Tunisie.

« J'ai pris la Tunisie pour avoir Bizerte », déclara Jules Ferry, et si cet éminent homme d'Etat revenait parmi nous, il pourrait demander des comptes à la France de sa mauvaise gestion ; Bizerte, en effet, le point de mire de toutes les convoitises étrangères languit de la crise où on semble vouloir sciemment la laisser.

Pourquoi me faut-il encore signaler aux pouvoirs la situation économique si gravement compromise de notre grand port africain? Quelle extraordinaire insouciance, quelle coupable apathie président aux destinées de Bizerte ! Ne semble-t-il pas que le mot d'ordre est le « boycottage » par l'indifférence, de cet admirable port ; cet état de choses ne peut se prolonger sans risquer d'annihiler sans retour, le merveilleux effort de la France à Bizerte par ses nationaux et son argent, les conséquences en seraient redoutables.

La Tunisie est un pays très riche, nul ne le conteste, l'état de ses finances en fait foi (1), alors d'où vient cette anomalie que Bizerte le plus beau port de Tunisie n'a pris aucun développement, est resté « atrophié » si je puis m'exprimer ainsi dans ce pays si prospère. Il y a évidemment des causes et je vais les rechercher.

____

(1) L'exercice 1907 du budget tunisien se solde par un excédent de recettes de *huit millions* 774.805 fr.

Lors du commencement des travaux du port de guerre de Bizerte par la Marine, parallèlement sur une des deux rives, à l'entrée de l'immense lac intérieur, une ville française surgissait comme par enchantement, c'était une nuée de Français, pleins d'enthousiasme qui s'abattit sur toute la région suivant la France dans sa fortune, MM. Hersent et Couvreux créèrent un port de commerce, ils n'eurent pour cela qu'à améliorer la situation naturelle privilégiée de Bizerte qui, avec sa grande profondeur d'eau, en un point des mieux abrités sur la route de tous les navires allant de Suez à Gibraltar, leur permirent de concevoir à juste titre, les plus légitimes espérances.

A vol d'oiseau, Bizerte avait l'aspect d'une vaste fourmillière où s'utilisait l'ardeur du génie français.

Quelles causes ont donc pu venir briser l'élan de nos compatriotes et réduire à rien un des plus beaux ports du monde qui, s'il eût été Anglais, Allemand, Belge ou même... Chinois, serait à l'heure actuelle dans une prospérité certaine.

Ces causes, je vais les énumérer les unes après les autres.

En 1894, une concession spéciale des ports de Tunis, Sousse et et Sfax, qu'accorda le gouvernement Tunisien à une puissante compagnie, fût le point de départ de la crise économique de Bizerte. Le gouvernement Tunisien accorda une garantie à la compagnie concessionnaire moyennant le partage des bénéfices jusqu'à la concurrence d'un certain bénéfice net et l'abandon du surplus à l'état Tunisien. Par cette concession, le gouvernement Tunisien était amené à favoriser le développement des trois ports Tunis, Sousse, Sfax même au détriment de Bizerte qui avait une concession sans garantie, c'était conséquemment contrecarrer l'œuvre de la France à Bizerte.

Cette première erreur d'avoir créé un port à Tunis, que sa situation géographique, à l'extrémité d'un étroit chenal de 12 kilomètres, continuellement obstrué par les vases, ne permettait de réaliser qu'imparfaitement devait en amener d'autres toujours au détriment de Bizerte.

Après les ports, suivit la construction des chemins de fer, ce fut Tunis, Sousse, Sfax, qui drainèrent à elles les produits du sol Tunisien, en particulier les riches gisements de phosphates du Sud; Bizerte n'ayant qu'une ligne la reliant à Tunis et cette dernière absor-

bant tout le trafic, notre grand port africain était encore une fois
sacrifié. M. Boudenoot, sénateur, alors rapporteur du budget de la
Tunisie pour donner une compensation à Bizerte qui venait d'être
frustrée des phosphates, écrivait dans son rapport :

Rapport Boudenoot

« Les minerais des Nefzas et les gisements de calamine de la
région fourniront — l'engagement en est pris — au port de Bizerte,
un trafic annuel de 62.000 tonnes ; il viendra s'y ajouter, dans un
avenir prochain, un tonnage quatre à cinq fois plus considérable
encore, lorsqu'on mettra en valeur les richesses minérales aujour-
d'hui reconnues près de la frontière d'Algérie, et qui se trouvent
dans la zone d'attraction de Bizerte. Cette ville aura donc bientôt ce
qu'elle désire justement, je le répète, c'est-à-dire un grand port com-
mercial à côté de son grand port militaire ; et je ne suis pas de ceux
qui disent qu'ils ne peuvent exister à côté l'un de l'autre. C'est possible, sinon partout, du moins à Bizerte mieux qu'ailleurs, et j'en
tombe d'accord avec l'amiral Merleaux Ponty, qui dirige les impor-
tants travaux entrepris là-bas, grâce à l'étendue et aux ressources
multiples que présente sa merveilleuse rade intérieure ».

Il y avait là, comme on le voit, une promesse officielle du gouvernement de la métropole envers Bizerte, de donner à ce port les minerais de fer d'Ouenza de la frontière d'Algérie-Tunisie. Bizerte forcée
de se contenter de cette promesse en réclama son exécution dans les
délais les plus rapides. Mais cette compensation à Bizerte fit surgir
une nouvelle compétition qu'on ne soupçonnait pas. Bône qui ne
songeait nullement à l'Ouenza, trouvant qu'il lui serait bien plus
avantageux que ces minerais fussent dirigés sur son port plutôt qu'à
Bizerte, s'y opposa et fit valoir une question de frontière, déclarant
que la mine d'Ouenza étant sur la frontière Algérienne, ses minerais
devaient avoir comme port de débouché un port Algérien ! (1). Argu-
ment de bien peu de valeur au moment où il est question de suppri-

(1) Nous savons que le Syndicat d'exploitation du Djebel-Ouenza a insisté auprès du Gouvernement algérien sur l'avantage considérable qu'il y aurait à diriger les minerais sur Bizerte, et il
offrait pour cela au gouvernement algérien une redevance de 0 fr. 50 à 1 fr. par tonne extraite.

mer la frontière douanière d'Algérie-Tunisie et que détruisent d'autre part des précédents contraires.

Différentes commissions, des ingénieurs, étudièrent le tracé de la voie ferrée qui devait relier l'Ouenza à Bône, et Bizerte allait encore être frustrée de ce frêt de retour promis, indispensable aux navires qui apportent le charbon pour le ravitaillement de nos escadres, à son port de commerce, aux fonderies qu'il faut créer, etc., etc., en un mot à la défense nationale.

Fort heureusement, tout récemment à la Chambre, un incident a surgi d'une façon très opportune pour démolir ce plan absurde anti-national, uniquement inspiré que par des intérêts particuliers. C'est à l'intervention de MM. Jaurès et Zévaès, qui signalèrent le danger que nous devons d'avoir évité un malheur irréparable ! En effet, par l'association Schneider-Krupp, l'Allemagne mettait la main sur l'Ouenza, une des mines de fer les plus riches du monde, et l'on devine quel usage elle aurait fait de ses minerais ! Celà lui eût servi à fabriquer des armes contre la France. C'était aussi construire absolument inutilement un chemin de fer de 231 kilomètres de l'Ouenza à Tébessa - Souk - Ahras - Bôné en pays très accidenté et qui reviendrait à un prix considérable à la compagnie concessionnaire, augmentant dans de grosses proportions les prix de la tonne de minerai à l'industrie française, or, pourquoi ce chemin de fer quand il y en a un autre *qui est sur le point d'être achevé et qui, partant de Nebeur, point distant de quelques lieues de la mine d'Ouenza* aboutira à Bizerte, où ces minerais sont si nécessaires à cette place forte réduit de la défense de l'Afrique du Nord.

Que va-t-on faire maintenant ? le dernier mot est au Parlement et je ne doute pas qu'il ne se range du côté de la défense nationale.

La question de Bizerte port de commerce étant étroitement lié à la défense de cette place, je vais exposer les avis des sociétés ou des personnes compétentes qui se sont nettement prononcées pour Bizerte et la Défense Nationale.

Citons :

1º Le vœu émis par la " Société des Etudes Coloniales et Maritimes "

La Société des Etudes Coloniales et Maritimes, ayant mis à l'étude,

sur la proposition de M. Paul Bonnard, la question de Bizerte port
de sortie des minerais de fer de Djebel-Onenza, après une délibéra-
tion qui a occupé plusieurs séances, et à laquelle ont pris part, entre
autres membres du Conseil, MM. le Myre de Vilers, le duc de Bas-
sano, Rueff, Auguste Moreau, Basse, Dreyfus-Bing, Prince, Paul
Bonnard, le baron de Cambourg, Dumesnil, Bouquet de la Grye, etc. ;
sur un rapport imprimé du baron de Cambourg, a émis, dans sa
séance du jeudi   mars 1903, présidée par M. Bouquet de la Grye,
le vœu suivant rédigé par M. Dumesnil, secrétaire général de la
Société.

La Société des Etudes Coloniales et Maritimes, considérant,

a) Que l'exploitation des minerais du Djebel-Ouenza n'atteindra
tout le développement désirable que si l'on peut les transporter économiquement à un port d'accès facile où ils pourront être facilement
embarqués ;

b) Que la ligne Tébessa-Souk-Ahras-Bône, qui pourrait les con-
duire au port de Bône, est déjà encombrée et devrait être doublée ;

c) Que le tracé de la voie ferrée qui pourrait les mener à Bizerte
serait à l'abri des tentatives de l'ennemi et aurait, par là même, une
valeur stratégique supérieure à celle de la Medjerdah ;

d) Que les rampes qui existent entre Djebel-Ouenza et Bône ou
Philippeville atteignent dix-huit ou vingt-trois millimètres, alors
que, vers Bizerte, elles ne dépasseraient pas dix millimètres ;

e) Que le fret des minerais du Djebel-Ouenza attirerait à Bizerte
les bateaux charbonniers qui vont maintenant à Malte ; qu'en retour
de ces minerais, Bizerte recevrait le charbon nécessaire à la défense
nationale, au commerce et aux établissements métallurgiques proje-
tés ; que ce charbon serait sans cesse renouvelé ;

f) Qu'un important dépôt de charbon pourrait aider à créer à Bizerte un vrai port de commerce avec une zone franche ; que ce port
de commerce serait au service du port de guerre pour le ravitalle-
ment, la main-d'œuvre, les réquisitions, etc. ;

g) Que l'accroissement du commerce et la possibilité de créer des
établissements métallurgiques à proximité de l'arsenal augmenterait
considérablement nos ressources et nos moyens d'action ;

Emet le vœu :

Que les pouvoirs publics examinent s'il ne serait pas nécessaire, au point de vue de la défense nationale, de diriger sur Bizerte les minerais du Djebel-Ouenza.

Ce vœu a été adressé aux Ministres de la Guerre, de la Marine, des Affaires étrangères et des Travaux publics.

2° Lettre du général Pendezec, chef d'état-major général

Monsieur l'Ingénieur en chef, par lettre du 1er juin dernier, vous avez bien voulu me transmettre, avec avis favorable, le texte d'un vœu émis émis par la Société des Etudes Coloniales et Maritimes, dans sa séance du 9 mai dernier, relatif à une ligne de chemin de fer qui amènerait à Bizerte les phosphates de Thala.

En vous remerciant de cette communication, j'ai l'honneur de vous faire connaître que j'ai déjà appelé l'attention de M. le Ministre des Affaires étrangères sur la création des voies ferrées tunisiennes qui favoriseraient l'organisation militaire de la place et du port de Bizerte.

Je suis tout disposé, d'ailleurs, à donner mon approbation à toutes les études qui seront entreprises dans ce but.

Recevez, Monsieur l'Ingénieur en chef, les assurances de ma considération très distingué.

3° Extrait d'une conférence de M. L. Saignes à la Société de Géographie sous la présidence de M. Henrique, député

On vient de découvrir sur la frontière d'Algérie et de Tunisie, au Djebel-Onenza, un territoire minier. Il s'agit de minerais de fer que les reconnaissances faites représentent comme d'une richesse presque illimitée. En tous cas, il semble bien que les minerais de l'Ouenza peuvent donner au moins trois cent mille tonnes par an au port de sortie. Or, ce port de sortie ne saurait, pratiquement, être autre que Bizerte. Il y a un chemin de fer d'exploitation à construire : les rampes ne seront que de dix millimètres vers Bizerte; elles seraient de dix-huit et de vingt-trois vers Bône et Philippeville.

Les hommes les plus compétents, du reste, se sont prononcés sur ce point. M. le sénateur Boudenoot, membre de la Commission parlementaire des Chemins de fer tunisiens, récapitulant les éléments de frèt qu'il s'agit de fournir à Bizerte, qui lui sont dûs et qui ne pourraient plus lui être enlevés que par la plus absurde des conspirations d'intérêts, comprend, au nombre de ces éléments, avec les minerais des Nefzas, ceux de l'Ouenza, pour lesquels il reconnaît qu'un engagement a été solennellement pris (Voir la *Revue Politique et Parlementaire* du 1er octobre 1902).

Ces minerais de l'Ouenza, arrivant à Bizerte, serviraient de frèt de retour aux bateaux charbonniers qui auraient apporté de Cette, par exemple, des charbons de Bessèges ou de la Grand'Combe et aussi à ceux venant de Cardiff, avec du charbon anglais, vrai charbon de vitesse, du steam coal.

M. Paul Bonnard, traitant, dans le Bulletin des *Etudes Coloniales et Maritimes*, la question qui nous occupe, regarde même comme possible, avec l'excédent non employé en frèt de retour de ces abondants minerais, d'entreprendre la métallurgie du fer à Bizerte. Il fait valoir que des établissements métallurgiques y trouveraient une clientèle toute prête : à savoir notre camp retranché de l'Afrique du Nord et le port de commerce qui se créerait naturellement, forcément, même, à côté de lui. Cette vue me semble parfaitement réalisable.

Résumons :

I. — Pour avoir Bizerte efficace, il y faut beaucoup de charbon sans cesse renouvelé.

II. — Pour y avoir beaucoup de charbon, il faut que les bateaux transporteurs y trouvent du frèt de retour.

III. — Pour pouvoir y offrir du frèt de retour à des charbonniers, il faut y disposer constamment d'une grande quantité de marchandises lourdes, dans l'espèce de minerais.

IV. — Enfin, pour disposer de grandes et régulières quantités de minerais sur les quais de Bizerte, il faut que les régions minières du voisinage, notamment celles de la frontière d'Algérie, et plus particulièrement encore celles de l'Ouenza, soient reliées à Bizerte directement par une voie ferrée. Si j'en crois les journaux de Bizerte, un syndicat métallurgique se serait déjà constitué, qui serait prêt à entreprendre l'exploitation des minerais dont il s'agit, à la seule condition qu'on lui permît de construire ce chemin de fer à ses frais, risques et périls.

Maintenant, le point sur lequel il importe que l'opinion publique se prononce avec la dernière énergie, le principe sur lequel il ne faut plus admettre de transaction et pour la défense duquel j'ai cru devoir aujourd'hui payer de ma personne et faire ma première conférence est celui-ci : aucun tracé de ligne ferrée ne doit être voté, susceptible d'enlever au port de Bizerte tout ou partie des minerais de la région. Par contre, les tracés ou raccordements, destinés à amener les minerais en question sur les quais de notre grand port de guerre, doivent être votés d'urgence. C'est *la condition* sine quâ non *de son efficacité militaire,* je crois l'avoir démontré. A la suite de cette conférence, un vœu a été émis, tendant à ce que les pouvoirs publics n'approuvent aucun tracé de ligne ferrée, susceptible d'enlever au port de Bizerte tout ou partie des minerais de la région, lesquels doivent servir de frêt de retour en échange des quantités très importantes de charbon nécessaires à l'approvisionnement de ce port.

En outre, la question de la création d'un port de commerce et d'une zone franche à Bizerte doit être mise à l'étude immédiatement par les pouvoirs publics, afin de se trouver résolue dès que les circonstances rendront cette création possible.

Le bureau s'est chargé de transmettre ce vœu à qui de droit.

4º Extrait d'une Conférence de M. Duportal, ingénieur du Bône et Guelma, inspecteur général des Ponts et Chaussées — Etudes algériennes

« Ne nous inquiétons donc pas de ces querelles entre Capulets de Bône et Montaigus de Tunisie, et ne nous plaçons dans l'examen de cette question comme de toutes les autres, qu'au *point de vue français.*

« Je crois que l'on n'exploitera l'Ouenza que si l'on peut amener dans un port, dans des conditions économiques, les produits de la mine ; je crois aussi qu'on ne peut pas les amener économiquement à Bône, qu'il faut les porter à Bizerte et que si la province de Constantine s'obstine, elle tuera la poule aux œufs d'or. »

Nous sommes persuadés que lorsque l'affaire de l'Ouenza sera

*portée devant le Parlement, c'est encore cette thèse qui sera applau-
die et ratifiée par les suffrages des représentants de la France!*

Enfin, citons encore les noms de quelques personnes des plus compétentes qui se sont prononcées pour Bizerte port de guerre et de commerce : Amiral de Cuverville, sénateur; amiral Merleau Ponty; amiral Gervais; amiral Servan; amiral Aubert, chef d'Etat-Major de la Marine; amiral Bienaimé; général Marmier; amiral Fournier; M. le sénateur Boudenoot; M. le sénateur Millaud; M. Lockroy; M. de Lanessan; M. Charles Bos, rapporteur du budget de la marine.

Je crois désormais, après ceci, que la question de la juxtaposition d'un port de guerre et d'un port de commerce ne pourra plus être une arme entre les mains des adversaires de Bizerte.

Après les phosphates de Thala qui allèrent à Tunis, les minerais de fer de l'Ouenza menaçaient d'aller à Bône; Bizerte se voyant complétement déshérité, nos compatriotes perdirent tout espoir. L'arrivée au ministère de M. Pelletan, qui suspendit les travaux de l'arsenal de Bizerte (pour faire des économies !!!), donna le coup de grâce aux Bizertins et les faillites se produisirent journellement, c'était la ruine!

Il faut avouer que, si nos colonies manquent de colons nationaux, de tels exemples ne sont pas précisément pour encourager l'émigration.

J'emprunte les passages d'une lettre exprimant les sentiments d'un Français de Bizerte sur la situation de cette ville :

« On dirait qu'une vaste conspiration est tramée contre Bizerte et que la mort de cette ville est décidée en principe; Bizerte gêne tout le monde et est une robe de Nessus pour la France, c'est triste pour elle et nous qui y vivons. »

Et je pourrais en citer encore d'autres plus graves où les responsables sont directement visés... Je préfère momentanément m'abstenir, nous verrons plus tard. Enfin, veut-on encore une preuve de l'état d'abandon dans lequel on laisse croupir Bizerte ? L'éclairage de la ville est « assuré » !! par des lampes à pétrole qui fument et s'éteignent « au moindre souffle qui d'aventure ». . Alors les rues et les quais sont plongés en pleine obscurité ! Que ferait Bizerte, cité essentiellement militaire en cas de mobilisation ou de siège? Que d'inconvenients créerait à nos troupes l'absence d'un éclairage satisfaisant? Qu'attend-on pour doter Bizerte de l'éclairage électrique?

Lors du vote de l'emprunt tunisien de 75 millions, le Parlement exigea, en raison de considérations stratégiques, que la première ligne ferrée à construire en Tunisie fût celle de Nebeur-Beja-Bizerte; cette voie ferrée est en construction et, avec une autre vers Tabarka, Bizerte peut évidemment compter sur un certain trafic si, comme nous l'espérons, les deux chemins de fer aboutissant à Mateur, les minerais et marchandises ne prennent la direction de Tunis; Mateur perd en effet 200.000 francs par an du fait de la dérivation de ses produits sur Tunis. Pourquoi? Quant au trafic du chemin de fer Bizerte-Tabarka, il sera également scindé par la zone d'attraction de ce dernier port! C'est ce qui nous fait désirer pour Bizerte, au doute existant en ce qui concerne le trafic de ces deux lignes, la certitude du million de tonnes que l'Ouenza extraira annuellement.

Après avoir exposé les causes générales de la crise économique très grave que subit Bizerte, je veux indiquer les moyens propres à l'enrayer, je suis en cela complétement d'accord avec nos compatriotes de Bizerte :

1° Adduction à Bizerte des minerais de l'Ouenza, fret de retour nécessaire au ravitaillement du port en charbon, le combustible devant être sans cesse renouvelé, et plus d'activité dans la construction des chemins de fer Nebeur et Nefzas;

2° Création d'une usine métallurgique, fonderie pour utiliser le charbon et fabriquer les obus;

3° Création d'un port de commerce à la baie Sébra avec tout l'outillage moderne, y compris un bassin de radoub indispensable aux navires de commerce, Bizerte étant port de refuge; commencement des travaux immédiat;

4° Fonctionnement normal de l'arsenal de Sidi-Abdalah;

5° Création d'une zone franche pour les charbons et les marchandises permettant de concurrencer Malte qui est port franc;

6° Une division d'escadre pour se faire caréner tous les ans et un séjour de cette escadre de quelques mois;

7° Augmentation de la garnison en troupe française, garnison qu'on a jugée notoirement insuffisante aux dernières manœuvres. Les troupes de débarquement figurant l'ennemi s'emparèrent sans effort de Bizerte, malgé la défense acharnée de la garnison. Cette situation est alarmante. Or, les effectifs de cette place sont encore considérablement diminués momentanément par les nécessités de la campagne marocaine ;

8° L'éclairage électrique de Bizerte, de son port et de la ville nécessaire à la défense nationale ;

9° Construction du palais du gouverneur, promise depuis cinq ans. Le général gouverneur de Bizerte habite une maison de bas étage incompatible avec la dignité de ses hautes fonctions ;

Construction d'écoles trop étroites, du théâtre si nécessaire pour distraire nos troupes, nos colons et recevoir nos marins des escadres étrangères qui fréquentent souvent dans ce port ;

10° Entente plus étroite entre la Marine, les Affaires étrangères, la Guerre et les Travaux publics en ce qui concerne les questions bizertines ;

11° Escale à Bizerte des paquebots des grandes compagnies subventionnées allant à Port-Saïd, Indes et Indo-Chine qui, s'ils touchaient à Bizerte, prendraient la marchandise et les passagers de Tunisie. La conférence consultative a émis un vœu dans ce sens en désignant Bizerte comme escale.

Je crois avoir exposé les principales revendications bizertines et, puisque M. le Ministre des Affaires étrangères, à une question posée par MM. l'amiral de Cuverville et le sénateur Millaud, a pris l'engagement formel, à la tribune du Sénat, *d'user de toute son autorité pour développer le port de Bizerte*, nous espérons qu'il voudra bien commencer par accorder **le plus tôt possible** satisfaction à la vaillante population bizertine sur ces principaux points ; il le peut facilement et le Parlement l'y aidera. C'est alors et seulement que Bizerte sera vraiment en état de rendre d'une façon complète les services que peut lui demander le pays.

Bizerte forte, intangible, c'est le succès de nos armes dans « la guerre fatale » ; ne pas préparer ce succès, c'est s'exposer à la défaite, cela devient presque une trahison.

J'en appelle au Parlement et au Pays !

Bᵒⁿ LOÏC DE CAMBOURG.

Secrétaire de la *Société des Etudes Coloniales et Maritimes*.